armar a rede
sob estrelas

armar a rede sob estrelas

Shirlene Holanda

Copyright © 2025 Shirlene Holanda
Armar a rede sob estrelas © Editora Reformatório

Editor:
Marcelo Nocelli

Revisão:
Marcelo Nocelli
Natália Souza

Imagem de capa:
Obra: Repouso – nanquim sobre papel, de Rubens Ianelli

Design, editoração eletrônica e capa:
Karina Tenório

Dados Internacionais de Catalogação na Publicação (CIP)
Bibliotecária Juliana Farias Motta CRB7/5880

Holanda, Shirlene
    Armar a rede sob estrelas / Shirlene Holanda. – São Paulo:
Reformatório, 2025.
    96 p.: il.; 14x21 cm.

    ISBN: 978-65-83362-07-0

    1. Poesia brasileira. I. Título.
H722a   CDD B869.1

Índice para catálogo sistemático:
1. Poesia brasileira
2. Literatura brasileira

Todos os direitos desta edição reservados à:

EDITORA REFORMATÓRIO
www.reformatorio.com.br

aos meus irmãos e ao Petrus

*Dentro de mim a solidão se
povoa, o esplender das vertentes.*

Paulo Mendes Campos

SUMÁRIO

Prefácio — ARMAR A REDE SOB ESTRELAS, 13

MOVER, 15

PUNHAL CONTUNDENTE, 17

DA TURQUIA PARA MINHA IRMÃ DEUSLY, 19

LYGIA CLARK, 21

OLHA O BACURIM, 22

HÉLICE, 24

UM TRANSEUNTE, 25

ARRUMAÇÃO, 26

A LEI, 28

OUTRO, 31

O BRANCO, 33

OS OLHOS DO LINCE, 34

HORROR, 36

LÍQUIDO, 37

RELÍQUIA, 39

PARA MIGUEL TORGA, 40

FLUXO LIVRE, 41

O NOIVO, 42

A VOZ, 43

ASSIM ASSADO, 46

CONTAS DE VIDRO, 47

INSÔNIA, 49

HOJE SÓ AMANHÃ, 50

PAVOR, 52

ENTRE AMOR E MORTE, 53

OXUMARÉ, 54

DAVI, 56

CALIGRAMA, 58

JASMIM, 60

SER TÃO DA PALAVRA, 61

A PALAVRA BENDITA, 63

DESPEDIDA, 65

O RETRATO, 66

YIN YANG, 67

OLHOS DE MAR, 70

FLORADA, 71

DO SILÊNCIO, 73

PARA A LOUCA DA CASA, 76

SEDUÇÃO, 78

APARIÇÃO, 79

BICHO, 80

ALTER-EGO, 81

O PAI, 83

SOB CÉU, 84

ABACATES, 85

LOUCURA, 86

A QUATRO MÃOS , 87

PAISAGEM BRANCA, 89

DO OUTRO DIA, 90

DESEJO, 91

OUTONO, 92

O PESCADOR, 93

O VELUDO DOS MEUS OUVIDOS, 94

A SER ESCRITO NA LÁPIDE, 95

Prefácio

ARMAR A REDE
SOB ESTRELAS

O que significa nascer?

Certamente nascemos para as transfigurações que o poema exige ou promete. Raras e raros poetas são capazes de dar conta dessa demanda, das transfigurações da memória, das transfigurações do tempo que é como um incêndio. A poesia é uma instância de recuperação porque palavras sobrevivem.

Desde sua plaquete *Onde estão os deuses* é possível perceber que Shirlene Holanda trabalha o poema como quem constrói uma casa, com a dignidade de quem faz deste ofício do verso a caminhada por um deserto e não anseia por fama ou qualquer outra armadilha, sem distrações no meio do caminho, apenas o delicado rigor de quem procura merecer ler a própria vida.

Escrito ao longo de dez anos, este *armar a rede sob estrelas* é fruto de um longo trabalho sobre Si, como deveriam ser os livros de poemas. Sobre Si e não sobre o Eu. Ou se tem um Si mesmo e uma voz ou somos apenas proprietários de um Eu. Separo aqui o Eu do Si mesmo, para mim o Eu é uma ficção condenada ao desaparecimento. E o Si mesmo, uma dimensão da natureza que está em nós. O Si nasce para realizar o mundo, é o corpo, a floresta, o cosmo do qual fazem parte outros Si mesmos e todos são entrelaçados, esta é a dimensão do poema e onde ele acontece.

É óbvio que uma escrita de Si não é ou não deveria ser uma escrita sobre Si, por isso este livro trata de luto, relembramentos e de outras topologias amorosas.

A voz lírica feminina desde Safo até Gilka Machado tem corporificado o amor e suas dimensões político-existenciais *dentro da vida,* a poesia tem sido desde sempre o lugar que inaugura a expansão do pensamento afetivo *para o corpo.*

Os poemas de *armar a rede sob estrelas* acontecem dentro de uma esfera onde a poesia dialoga intensamente com a experiência e realiza esse grande devir que é a transfiguração de nossa vida em expressão universal dela mesma através do poema.

Marcelo Ariel

MOVER

I
a medusa segue
encosta-se ao graveto
no intuir da corrente

II
sublime partida
do não mexer descabido
no fluxo de outra persona

III
adentrar o labirinto
esbarrar em paredes
partir incólume

IV
o corpo leva
à Castália

V

nada a ti

não ter de

ter o nada

VI

mover

na busca eterna

por belas contas de vidro

PUNHAL CONTUNDENTE

as lembranças
como punhal
a assolar
desprevenida

tento o desvio
ponta a percorrer
o corpo
a rasgar insistente

a águia paira
e pousa
à espreita
grito gutural
de dor

o vestido
o chapéu
das memórias

a voz chamava
pedia agradecia
pela presença na casa

poderia ter feito
ter aparecido

sempre mais

mudo a cabeça de posição
xoto a ave de prességios
afasto os demônios

a dor que dilacera

atravesso a rua
entre os carros
fujo do alcance
novamente

novamente
livre do punhal
do instante

o corpo esmorece
resistente à surpresa

até aqui
        sustento

DA TURQUIA PARA
MINHA IRMÃ DEUSLY

olha só
sem ser maçante
se caso à mão
um simples parzinho de brincos
delgados finos
alongam bem o pescoço

se de pedras
as azul-petróleo
trariam a cor do mar
ou branco-espuma
   amarelo-turmalina
                não pretas
                não há gosto

outrossim
um paninho para o pescoço
cabe sempre
em dias de garoa

fico a divagar nas mulheres
usam muitas pulseiras
e talvez também gostem de gravuras
        quando emolduradas
        em locais distintos da casa
        costumam aliviar a alma

se acaso não se der por satisfeita
quem sabe o frescor de uma lavanda
feito água refeita

assim
lembro-lhe como sabe
daqui
    de mim

LYGIA CLARK

um poema no meio do doce rio
de cheiro gosto e lume

penetrar na piroga da Lygia Clark
navegar feito corpo de virgem

suspender
       imagens
              ideias
                    na viagem
imergir
      nas profundezas
vir à tona
afogar palavras
criar mais mundos
até o Nada

OLHA O BACURIM

olha o bacurim
quem quer bacurim

subia a rua
sob sol a pino
sem de onde vem
sem dia certo

olha o bacurim
quem quer bacurim

saco de estopa nas costas
ombros encarnados
presos feito cangurus

paravam à sombra
água café
o almoço da Dona Franci

os filhotes berravam o desgarrar
estranhos à separação
sem o calor do aconchego
da bolsa ao peito

a madre cuspia a borra do café
inclinava as pernas em passo firme
e seguia com o peso nas costas

olha o bacurim
quem quer bacurim

HÉLICE

perseguir
o não procurar

procurar
o perseguir

ad infinitum

entre passarinhos

UM TRANSEUNTE

deixou
um par de sapatos
uma colher
uma faca

a garrafa da cozinha
a garrafa do
                    banheiro

a mobília da caixa-casa
sobre folhas secas do jardim

ARRUMAÇÃO

I

como a brincar
o menino continua uma peste
traquina com os quadros
troca-os por vezes de lugar

deixo o vão livre
das quinas das mesas
                  faz parte da pintura
percorre os cômodos
à procura da melhor
composição

II

adormecer
entre quadros
sobre quadros

sobreluz
na linha de reflexo

luz ao meio
a atravessar entre si

a sequência interliga
a luz indica a direção
o corte da cena
das cores do dia e do tempo

arrumação

A LEI

para Maria da Penha

I
desvencilhar

expor
as pedras

há mais sóis
à casa

II
lençóis
de acolher
langor

cinza da hora
sem intempérie

súbito
torpor
suspenso

no acordar
ao claro

III
a fala do falo fria
ecoa brusca

sublime desfeito

IV
cão acuado
da água não benta a jorrar

intenta

criança sem nome
muda
rede de vão

o rei leão
brilha a ensinar
a fome

percorrer
cômodos úmidos

armar a rede
sob estrelas

V
na chuva
noite a pingar
menina cria marra

no frio longo
a água desmancha
no ar

mãe
, não sei
quanto vale cada água Penha

OUTRO

sabe do leitor
à espreita
quantas letras seguem o fluxo
corta troca sílabas
procura ave de presságios
peixes escorregadios
o sem persona

bebe de Apolo
do vinho do Chinaski
cria apelido
veste para o outro
pensa na solidão do H. Helder

escorrega
aproveita o reflexo
o assombro no deslize
busca a forma do delírio
contorna em vão

foge do brilho das luzes
mãos pesadas sobre os olhos
o que não está em volta
o oculto do não dito

claridade leitosa
feito o Fingidor

a quantos dias do aceite
o que faz o esmero

nascer
invisível na cidade
não ter de nada
verso livre
      do sublimar

O BRANCO

dias
despercebidos
sem encantos

papel limpo
a vida branca
sem maiores sombras

tentar a todo custo
        ao menos
o mundo pela imagem
verso que dê forma
        ou descubra
um hábito novo

ameaça eminente
        do autômato
risco de perder
        os significados

e só restar o tédio

OS OLHOS DO LINCE

olhos do lince
surgem
inesperados
nos lugares onde ando

vagueiam
no mercado de peixe
na rua de minha infância
na senhorinha a adentrar o ônibus
pela porta da frente
no calor do dia

cansados
silenciosos
reluzem como o lume da vela

                me esmorecem

quando à multidão
me vejo a procurar
pedras preciosas

para deitá-las
à sombra da árvore
sob lençóis macios
codornas de Babet

encontrar
os olhos
do lince

HORROR

para não ser o mesmo
alguma hora
será preciso chorar
copiosamente
desaguar o que ainda restou
deixar o rio correr

LÍQUIDO

"Tudo que é sólido se desmancha no ar"

I
buscar
ver
ser
mel

da palavra-viva
de dá na vista

II
estar

tudo feito
já dito

ferida
de uso
rasgada

III
dia de sol
despertar
azul

IV
cristais de luar
desliza no mar
horizonte além

V
no fim
, a lápide
de verso curto

RELÍQUIA

dormia
a penumbra da casa úmida
quando beijei tua pele fina da idade
    perdi o verso no atordoar da noite

em breve não haverá mais
o vestido
o chapéu da praia

    compondo o velório da filha

      morta antes do tempo

talvez não haja mais sonho
      nunca mais

seremos só relíquia

PARA MIGUEL TORGA

remeter à montanha
às gentes de ritmo
mescladas ao natura
animal-pessoa

qual cavalo galopante
no fluxo da palavra rugida
no fruir do bufo

a metrópole distante
o assombro adiado
o sublime da cidade

da janela
outro mundo
paredes brancas

o filho do outro nasce
e choro a cântaros

FLUXO LIVRE

passar as mãos
sobre reentrâncias
qual palpável
na nebulosidade

como comer o sabonete cor de leite
beber a tinta que vai à parede
ou enfiar o dedo no pote de mercúrio

a cor remete à
o cheiro
a forma

avançar no caos
entre a forma
e o que desmancha

comer pelo menos
três uvas do banquete

O NOIVO

a mãe
aprontou-se
serviu
farofa de linguiça calabresa
cascas de cebola roxa
suco de limão da fruta
com formigas a boiar no azedo

do breu da casa

sentaram-se nas cadeiras da calçada
a cumprimentar os vizinhos

A VOZ

luz
cristais de mar
incandeiam
pousam sobre a pele
de peixes alvoroçados
sob sol a pino

murmúrio de vento
embala
em sensação de brisa
da água salgada
a beijar
enebriar a praia

mesa posta
o pargo frito de hábito
como afeto em resposta
ao copo dentro do prato

           G   D7   G   Am   D7 G   D
comprado com sangue de cristo, alegre ao céu, sim eu vou

sem saber se merece tanto
mas Iemanjá traz água do mar
se assim desejar
só para ouvir o canto

           G   D7   G   Am   D7   G   G7
liberto do vício maldito, já sei que de deus, filho sou

os últimos dias sublimes
seguiam em fluxo de Tao
com o sussurro ao pé-do-ouvido
: o filho estava bem, tinha comido

alento incondicional

a morada fez-se mansão
as falas da mãe guardou
: hoje já defequei e me banhei

a voz chamando
ainda ecoa aqui
feito o anunciar
de tempo mais brando

quem sabe Iemanjá clamando
silêncio tumular

ASSIM ASSADO

meia voz
    the book on the table
meio canto
meia dança
meio verso
nem lá nem cá
nem fera nem Ava

meia boca
meia cena
    nonsense
não sei
      misancene

pode ser

mais ou menos

     toda vida
     toda via

CONTAS DE VIDRO

do Herman Hesse

o homem forte
cheio de movimentos
independentes
vivia a dançar

seduz
entrar em sua Castália
devorar as contas de vidro
no ritmo

no sábado de sol
a luz adentra a sala da casa
ilumina quadros sobre quadros
dá sombras
e *ponto de fuga*
       a pintura do dia

há banquete vinho
deuses à meia-noite

as chaves da casa
permitem chegar a qualquer hora
em passos na escada

                                                  elevados

jogo de contas

                                                  seduz

corrente de vínculo sem fim

recorrente
bebe da nascente sagrada profana
satisfeito sob o sol de Castália

Oh prócer das musas
próximo à fonte
bebe mais para que te mantenhas Apolo!

INSÔNIA

no breu do quarto
o silêncio tumular

o estrondo do trinco
na agonia do defeito
do eco da fala
do afazer que se impõe

acorda 4 da manhã
escreve profundos poemas

HOJE SÓ AMANHÃ

menos Facebook
mais água
os males da ansiedade não são

nenhum problema a menos
só programa a mais

no nudes
, passo

quero o encontro marcado
evento confirmado

vi sim
sua figurinha
de perfil de frente
        es ta va
           fe liz

ninguém online
(deve ter jogo na tv)

quero é meu tempo roubado
a vida de antigamente
a poesia de hoje

se perguntarem
, hoje só amanhã

PAVOR

I
nenhum murmúrio
de ciência
nenhum soluçar
de tragédia

restou o silêncio
do instante infinito

II
do peixe frito da praia
da água do mar que cura
do jasmim no cabelo
do jenipapo cru no almoço

no mantra de sangue de teu Cristo
o nome a ecoar

ENTRE AMOR E MORTE

contornar a sílaba
da palavra aberta
insinuante
entre decotes volumosos
de frestas molhadas
sugerir o chulo

já disseram
a chave

o que é isso
quanto vale
quanto já é

e tudo me leva à
escrita fatal
entre amor e morte

OXUMARÉ

I
memórias de zelo
sob desalento
segue o sopro
sem tropeço
antes que o vento evapore

do súbito tempo
de olhar fixo
no fitar a penumbra
da música rugida
inesperada voz
de clamor

aparição

sublime canto
estado de graça

II

o balde deita a água do mar

                         sobre a cabeça cinza do tempo

curiosos espreitam de soslaio

a Rainha do Mar
também afaga pagãos

a pele salgada marca
dias de tantas certezas
e no súbito delírio

                por que será por que será

e no disfarce

            a brisa faz bem

III

me sinto boazinha
a água do mar cura
olhe os ossos das minhas mãos
o açúcar no sangue até baixou

IV

Oxumarê

virasse
lei da natureza

DAVI

I
o banho gelado
desperta aos poucos
a dança

de gestos mágicos
pelos cômodos da casa

II
ciente
segue-se o ritmo
declarado

III
olhar fixo
o gato desliza
sobre os móveis

IV

natureza viva

luzes trocadas

melodia intercalada

V

o café a fruta sob árvore de outono

olhos a buscar o sol

na face clara da manhã

diz-se do Olimpo

CALIGRAMA

adestrar a palavra cheia
signo da dúvida
do certo

aventurar no mover aleatório
orientar o desconhecer

lento vagar
de frase de alívio
de verso livre

ideia solta
       vínculo disfarçado
abstrata
           fuga sem forma

processo em processo
incompletude do pensar

: empilhar o caos
escrever às margens
espiral de versos até o infinito

JASMIM

desço a rua Pamplona
e o cheiro de jasmim
de infância
me atordoa

procuro entre árvores escassas
qual flora de mãe
brota no dia
com ramo na orelha

SER TÃO DA PALAVRA

entre gravetos de um sertão
disforme em brancura
de ressequida paisagem

pelo sol a pino
poupada de significado
quando o sol esmorece

aparição no inóspito
do cheiro sentido na feira
entre homens
do disse que disse
e se viu e se creu

a dona Maria da rua Monsenhor
chega com notícias
da cidade do outro lado

num sei que mais
num sei que mais
num sei que mais

e te trago em forma
a desmanchar marcas
crateras do seco
atravessadas

reboco caraquento
era do quarto de paredes brancas
moldado sem tempo

a feira da cidade me trouxe
entre corpos suados
e disse aqui feito objeto
tal melancia de sangue aberta
de natureza viva
para dizer
os sinais existem

A PALAVRA BENDITA

para Petrus de Haan

a palavra bendita
no mau instante
de dias atribulados
dos deuses

não dizer
encontrar subterfúgios
pulsão de vida
e morte inata

não saber com quanto tempo se soma

afastar escombros
construir um tapete à sala
tomar para si
trazer flores para o jardim

substituir o raso
com palavras cheias
sílabas de silêncio
vital ao cotidiano

escutar sons vibrantes
gestos mágicos
reconhecíveis
de sentido à vida

seguir o fluxo
a outridade
mesmo por impulso

contemplar
de longe perto
a dança

DESPEDIDA

não há mais armas
nem segredos

só o poema em outra língua
sussurrado em pausas

e partirá no primeiro vento

O RETRATO

retidos
entre cheiros

no parar o tempo
o semblante

da esfinge
lacunas à tona
em eco

YIN YANG

I
os pratos do almoço
a mala no meio da sala
a cama do último sono

de cômodo em cômodo
em fluxo encadeado
escondo o incômodo
                sem rumo

II
cair em abismo
ao limite do respirar
testar o profundo
e voltar

III
pender
na gangorra

equilíbrio de desalinho
brincar para o Nada

IV
se já não é morte

por que deter o delírio

por que os por quês

V
mania de ritmo
tenso
envolto em sombra
detido
no quase à tangente

VI
tombar
tentar o caos
arriscar o sim

VII
esticar a hélice
ao limite da fissura

estável fúria

VIII
estancar ciente
desvario diligente

IX
maçante vazio vulgar
de cercear a tangente

e não vagar

X
adiantar o não do sim
refazer a frase antes do dito

XI
o olho da serpente
atrás da cômoda
fixo sem beira

mantém a casa posta
de reles fim

OLHOS DE MAR

as condições do tempo
na fala do outro
do estado da arte

avalanche
       sem prumo
de nau frágil
sem terra firme
          contornar o rumo

no romper a tormenta
do absurdo visto de perto
nos olhos cheios de mar

FLORADA

o botão fervilha
dispersa a tarde
de sol a pino
na busca do limbo
como a maciez de nuvens

o espelho da sala paira
à espera de formas
salientes à hora

o dedilhar de folhas sinuosas
reconhece o ritmo
do broto que aflora

o filme constrói
imagens frenéticas
da flor em riste

mandasse mensagem
o verão passado
no transe desordenado
antes do desfalecer

DO SILÊNCIO

I
manhã de inverno
sussurra
som de sílaba

II
ilhéus em claustro
cria marra

III
do leitor
      liberto
da escrita
      verso livre

IV
gritar
expor pedras
lapidadas no vento

V
véu sem grinalda
largar as botas
Parangolé

VI
obra truncada
medir o caber
e prestes a morrer

VII
apagar marcas
jogar rascunhos
nascer

VIII
riscos e figas
flanar entre
sobras

riscos e figas
flanar
entre sobras

IX
silenciar
na solidão
ancorar em pedras

PARA A LOUCA DA CASA

para Rosa M. Monteiro

à flor da pele
a arrebentar
dedo em riste

mindinho de mademoseile
doente de *Parisite*
a jarra quebrada
da moça de brinco de pérolas
jorra sangue quente
cabra da peste
quase homem

não coma demais
não fale alto
não sente de pernas abertas
nem procure a última dose

e se deleitas sem disfarce entre tantos
, *tú puedes ser confundida*

aquela à rua
unha por fazer
cabelo cinza
a flanar

a louca! a louca!
— *mas macho*

SEDUÇÃO

porte alto
fala mansa
solto frases benquistas
fisgo na pretensão

mantenho a cena
insisto
considero toda forma
contorno

durmo após o desafio
salto às intempéries
acordo ainda bonita
voltada aos afazeres

circulo
como quero
ainda forte
saio do ambiente

sobrevivi

APARIÇÃO

falta súbita
de ar
impulsiva

a ave esguicha
na contração
dos pulmões

tremular de pernas
corpo
　　　sem raiz
a pedir decoro

muda de calçada
antes de qualquer
bote

corre à casa
e dá sol às plantas

BICHO

bicho de jardim
sem geografia

troca troca carcaça
sem tapete à sala

não ama
não prefere
vai no gosto cheiro
procura abrigo

rio a correr sem luto
couraça de costume
de marra
homem mulher

bebe água
come
não reza

quantas vezes pele

ALTER-EGO

entre rios
floresta
oscilo do mar
à água doce

o sonho
em lençóis de areia
a acolher
a luz verde
penumbra da noite

qual medo de Alter
descoberto

a história será contada
do menino
em busca do peixe
de gozo e rima

memória das águas

entre corpos
da lança do nativo
a proteger
turistas de si

se não é fantasia
como saber

água-viva
pressa de vida
sustentável

lá
o tempo é outro
anoitece cedo
e o dia
, largo de gestos próprios

O PAI

a mãe ordenava
ir à casa do infeliz

bem-ouvida
colhia balas coloridas
bolo de laranja da vitrine
vitamina de abacate

amigos do bairro
diziam menina bonita
o pai orgulhoso
beijava-lhe a testa

era dito

restou buscar ovelhas
entre escombros
apressar-se às colinas ao longe
e deitar-se sob sombras
do pai cravado

SOB CÉU

dia de sol azul
desperto
de olhos fixos
           sem alcance

nos cristais de luar
brilhantes
na água do mar

o horizonte
além

ABACATES

os pássaros refestelam frutas
abertas na queda
aprazem do orvalho translúcido
                                    refrescante
do banquete

no brilho da grama
finjo deitar entre os meus
serena

nenhum mover brusco
faço de conta
                    meu ambiente
me deleito

outras aves dão graça ao ar
olho de soslaio
assinto um novo baque
e aposso-me dos afazeres da casa

LOUCURA

avistou a loucura
maior que a já familiar
                    parecia tolerável

em movimento lógico
convenceram-no de culpa
por todo desvario

adaptou-se à tortura
e passou a esperar o correio

à procura do absurdo mais íntimo

A QUATRO MÃOS

feche os olhos
você aqui
eu aí
almoçaremos juntos

massa
manjericão
teu cheiro fresco

vinho
venho da tua boca
beijos
abraços
nosso tato
corpos moldados em um só

há braços
nos amassamos
contato

teu lado de dentro
é meu lado de fora
em você
penetrar no teu penetrar

aos poucos
pelas margens
líquidos
lambidos
feito gatos

a procurar o hálito
o cheiro de dentro
a saliva escorre
e molha

o gosto
mais cheiro
do melhor
do gozo

PAISAGEM BRANCA

era parar o tempo

queria só ver ouvir a chuva no instante da janela
as nuvens luzidias a clarear a água que caía
disseste ser a vez do branco da paisagem

eram peixes a alimentar-me
o peixe sem ar
agonizado no limão
sem jeito

minha contração
meu alimento em banquete

doze horas a sentir
o cheiro da tua boca

DO OUTRO DIA

vozes coesas
no corpo redito

da manhã
borboletas de asas trêmulas
                              em pouso
no abraço

do ser sublime
palavras curtas

DESEJO

aceitar as chaves
de palavras encobertas
prescrutar os sentidos meus dos teus
o mais de reveladas
pela fresta da fechadura

OUTONO

à janela do quarto
deito na rede
olho vidrado

relevo de chuva
de fino pincel
em nublado céu

O PESCADOR

ao Rubens Jardim

o pescador
contempla o mar
e vê o mínimo

no infinito da poesia
na última hora
clama por peixes
dança entre os seus

ávido
devaneia
alguma revolução

O VELUDO DOS MEUS OUVIDOS

à medida
a garça não se debruça
devora o peixe
e ostenta a paisagem

A SER ESCRITO NA LÁPIDE

atrevida!
agarrou-se ao estandarte
da madre visionária
e sustentou o levante
adiando o juízo final

Este livro foi composto em Minion Pro
e impresso em papel pólen bold 90 g/m²,
em março de 2025.

Impressão e Acabamento | Gráfica Viena
Todo papel desta obra possui certificação FSC® do fabricante.
Produzido conforme melhores práticas de gestão ambiental (ISO 14001)
www.graficaviena.com.br